어떤 새는 모음으로만 운다

어떤 새는 모음으로만 운다

차주일 시집

포지션

* 한 연이 다음 쪽의 첫 행에서 시작될 때는 ' 〉 '표시를 함.

시
인
의
말

삶은 상식 밖의 현상을 겪는 일이었다.
내 밖은 내 뒷모습을 맞춰보기 좋은 정표였다.
삶을 맞으려 등을 굽히면 앞모습이 생겨났다.
나는 가끔 나를 알아보았다.

2017. 겨울
차주일

차례

제1부

궁서체　12
신의 감찰일기　14
월경越境　16
아!　18
나는 누군가의 지주地主이다　20
도착하는 소실점　23
뿔　24
어떤 새는 모음으로만 운다　26
풍경의 음자리표　28
골목　30
수채화　32
단체사진의 헤게모니　34
수평의 심장　37
명예살인　38
그리움, 그 뻔한 것에 대해　40

제2부

손과 입의 거리	42
또다시 허밍humming	44
완전한 가축	46
자음의 필법	48
보지	50
손톱 설화	52
검붉다	54
回의 완성	56
흑백을 앓는 포스트모더니즘	58
흔들리는 물방울	60
추사체	62
필통	64
성화聖畵	65
망설이다	66
접속사	68

제3부

독백 70
기우는 동그라미 72
빨간색 원고지 74
무표정 큐브 75
보조사 '나' 76
감정 78
동대문아파트 80
카오스로 코스모스 맞추기 82
인류 진화도표 84
永자가 점으로 시작하는 이유 86
손잡이의 은폐 88
정물화 90
제자리 92
파종 93
나는 나를 그릴 수 있을까 94

제4부

양철 팔레트 98
노구 100
익숙한 미로 102
구두 수선공 104
실명失明은 나를 낳는다 107
폐경 108
명궁名弓 110
두물머리 111
서정 배달부 112
적멸 114
오크탁자의 소음 116
홀로에 도착하지 못했다 118
나를 이장하다 119

해설 마음에서 발까지 그 무표정한 궤적 | 장이지 122

제1부

궁서체

목련꽃 봉오리가 화선지에 먹물 스미듯 부풀고 있다.
붓이 한 획을 내려긋기 전
점 하나 힘주어 누르는 저 잠깐을 겨울이라 부르겠다.
우듬지마다 찍어놓은 꽃봉오리를
한 무리의 말발굽 소리가 내처 달려오는 중이라 말하겠다.
오직 북쪽만 향하던 외골수가 잎보다 먼저 피운 꽃
그 낙화를 겨울이 내려놓는 잔상이라고 말하겠다.
꽃 진 자리에서 햇잎이 길어난다,
넓어지는 잎 따라 바람의 획이 굵어진다,
바람의 그림자가 먹물 스미듯 땅 위에 퍼진다,
이 가필을 봄이라 부르겠다.
말[馬]의 땀내 짙은 향기를 봄의 속도라 말하겠다.
당신 몸에서도 봄 떠난 지 오래되었다는 어머니
봄철 내내 궁서체 'ㅣ' 내리긋기 습자 중이다.
한 획 채 내리긋지 못하고
봄 한 철 차마 놓아주지 못하고

목련꽃 봉오리 같은 먹점을 화선지에 가득 채워놓았다.
보다 못한 내가 참견하는 것을 이른 봄이라 말하겠다.
어머니, 당신의 굽은 손가락 끝마디 하나 만들고
손가락 두어 마디 쭉 내리그으세요.
내 뒷머리 쓰다듬다가 냅다 내 손을 쥔 속도로 말이에요.
먹점 위에 다시 먹점을 찍어보던 어머니
굽은 채 굳은 열 손가락 끝마디를 하나하나 만져본다.
그래 이제 갈 때가 되었구먼, 어머니 혼잣말이
내 성대에 조율한 침묵을 나의 겨울이라 부르겠다.
뒷목덜미께 고이는 이 온기를 봄맞이라 말해야만 하는가.
어미 몸에서 내게로 내처 달려오는 무채색의 온기
내 몸에서 펴나므로 내가 모음이 되리라.
그때 나는 비로소 아들의 손을 쥐고
궁서체 'ㅣ'처럼 고개 숙여 한 손의 서사를 들려주리라.

신의 감찰일기

신은 생명을 가진 존재를 경쟁자로 생각하여
수태 순간을 도전으로 여긴다.
신의 첫 번째 일은
모든 씨앗에 숨어들어 배아의 미동을 감찰하는 일.
신의 하품을 틈타 태어난 개체는 동물성 심장을 가진다.
출처가 생명 이전인 내 심박이 누구와 내통인지 궁금한 신은
내 생각에서 가장 먼 발끝에 그림자를 펼쳐둔다.
내 발이 펜촉의 각도로 디디면 아침이 시작된다.
저녁은 신이 내 일기를 엿보는 시간.
신이 내 그림자 한 장을 찢으면
오늘 바라본 풍경 앞에 어제라는 색인이 붙는다.
새벽마다 부여받는 그림자에는
신이 필사해간 자국이 남아 있다.
내가 일기장에 적었던 '사랑해'란 말은
어제 하루 세상에서 가장 많이 쓰인 말이었으나
신에게는 유일하게 해석 불가능한 말.

신은 사랑한다는 말의 연혁을 누구에게 물어보는가?
신이 내게서 목숨을 거두지 못하는 건
내가 사랑한다는 말의 뜻을 실토할 걸 알기 때문이다.
어느 날 나는 그림자에 적히지 않는 감정에 걸음 멈추고
누군가와 첫 대면하게 될 것이다.
그때 사랑 고백은 생명 이후에서 빌려오는 박동이어서
신은 또다시 의문에 빠져 필사하게 될 것이다.
하여, 내 혀의 미동은 영원히 해독되지 않을 것이고
신은 사람의 과정이 궁금해 죽지 못할 것이다.

월경越境

몸통이 가지를 흔드는 것은
열매를 그늘 밖으로 떨어뜨리기 위한 실황공연
후생은 지금에서 생겨난다.
그늘은 나무의 전생으로 난장을 펼쳐놓은 것
맞는 질문과 옳은 질문과 바른 질문과
틀린 대답과 그른 대답과 비뚤어진 대답들
무채색에서의 난상토론은
유채색으로 혼합하는 다양한 자문일 뿐
모든 유채색을 섞으면 검정이 되듯
변색은 팬터마임 배우처럼 오로지 손동작을 궁리한다.
작용으로 반작용을 말하는 것은
몇 명의 등장인물이 내 밖을 기웃거리기 때문.
스스로 경계를 넘어선 무정부주의자는
패배할 자격을 가져 선언할 수 있다.
"내가 졌다"는 말은 "네가 승리자다"란 말의 큰말
수긍은 몇 번의 패배로 동작하는 이견인가.
패배는 수명 밖에서 산다.

폐막에도 기억에 남는 한 명의 주인공처럼
내 국경 밖에서 사는 건 모두 꽃이다.

아!

가시의 보폭으로
아이스하켄을 박으며 기어오른 장미 한 송이
봄보다 먼저 도착해 가을을 점령했다.
가을이 왼발 구령을 입술 구령으로 바꾼다.
오늘이 소슬바람을 발설하고
사람의 귀가 식물의 색을 갖고
밤과 낮이 농담濃淡 배율을 다툰다.
계절 수리공은 왜
보폭이 불규칙한 가시를 중심축으로 삼았나.
오늘이 가을을 봄으로 믿고 있다.
완전한 착각은 수리 불가능한 신념.
종속이 나누어지는 이 의인화의 영역에 머물면
사랑 고백이 가능한 목소리가 생겨나고
불면으로 옅어진 사람의 입술에서
감탄사 "아!"가 짙어진다.
밤에 한 혼잣말을 홀로 듣는 것은
귀와 입 사이의 감정을 교체하는 무가巫歌이지만

식물의 관습을 불러올 수 없는 사람의 습관.
사람은 감정에 박힌 중심축 "아!"를
입술로 옮길 수 있을까.

나는 누군가의 지주地主이다

땀내 한 다랑이 경작하는 농사꾼과 악수할 때
손바닥으로 전해 오는 악력은 삼각형의 높이이다
얼굴이 경작하는 주름의 꼭짓점마다 땀방울이 열려 있다
땀이 늙은이 걸음처럼 느릿느릿 흘러내리는 건
얼굴에서 발까지 선분을 그어 품의 높이를 구하기 때문
소금기를 남기며 닳는 땀방울 자국을
사람의 약력으로 출토해도 되나?
겨우내 무너진 밭두렁을 족장足掌 수로 재며
뙈기밭의 넓이를 구하던 이 허리 굽은 사내는 나의 첫 삼각형
등 굽혀 만든 앞품을 내 등에 밀착하고
새끼가 품의 넓이란 것 스스로 풀이하게 한 삼각형 공식
어린 손등에 손바닥을 밀착하여
까칠까칠한 수많은 꼭짓점을 별자리로 생각하게 한
엄지와 검지를 밑변과 빗변처럼 괴게 하여
절대 쓰러지지 않는 높이로 연필 거머쥐게 하고

내 이름자를 새 별자리 그리듯 처음 쓰게 한
피라미드처럼 몰락해버린 한 사내의 악력은, 왜 지금껏
사내의 품을 땀내로 환산하게 하는가
늙은 삼각형이 악수한 손을 놓지 않고 흔들어댄다
내 팔꿈치가 농사꾼의 허리 각도를 이해할 때
내 몸 통각점들이 지워진 선분을 다시 긋는다
내 이름자 획순으로 흐트러진 사내의 골격이 내 몸속에서 읽힐 때
연필심에 묻혔던 침만큼의 땀이 손바닥에 어린다
내 눈은 왜 땀에 젖은 손바닥을 꼭짓점으로 이해하는가
젖은 눈은 왜 나를 타인 되게 하는가
내가 누군가의 눈으로
그의 얼굴과 손과 발 세 변의 길이를 잰다
내가 누군가의 눈을 껌벅이며 곤혹스러워할 때
삼각형의 높이를 잴 눈물이 제자리에서 마른다
내가 이 점點에 염기를 경작하여
누군가의 발까지 이르는 높이 하나 짠내 나게 그으면

나는 누군가의 지주地主가 된다

도착하는 소실점

무화과 진 가지 끝은 가지런히 벗어놓은 신발이다.
투신은 흔적을 남겨 누군가에게 질문한다.
꽃을 보지 못하고 떠난 이 사람은
꽃이란 아주 먼 곳에 있음을 아는 사람이다.
발로는 갈 수 없는 너머를 걷고 있는 사람이다.
망자의 눈이 된 고요가
무화과 진 자리에 발을 넣는 바람을 본다.
부러지기 직전까지 휘어졌다 되돌아오는 가지를 본다.
먼 산등선의 굴곡대로 휘어지는 가지는
바람을 어디에 부려놓고 되돌아오는가.
산등선이 헛걸음 딛는 이곳에서 시작되는 시선은,
시선이 넘을 수 없는 곳에서 시작되는 마음은,
또 몇 생 너머에서 첫걸음을 투신하는가.
발과 눈동자를 거세한 고요 속에서 싹트는; 마음아
사람의 뒤태가 소실점이 되어 빨려들고 있다.
누군가 참 먼 곳에 도착하고 있다.

뿔

　순록들이 머릴 치받으며 싸움박질하는 동안
　뿔에는 메아리로 되돌아오는 거리가 각인된다고 한다.

　최후의 승자가 된 수컷이 일출봉에 서면
　여명에 들판으로 길어나는 뿔그림자는 지도가 된다고 한다.

　승자는 고개를 끄덕이며 가로저으며
　메아리가 음각된 들판 곳곳에 뿔그림자를 문지른다고 한다.

　뿔그림자가 닳아 뿔이 제 눈에 보이지 않을 만큼 짧아지면
　무리를 이끌고 노정을 나선다고 한다.

　새 뿔처럼 뻗어난 샛길 어귀에 중톳을 분가시키며
　산통이 메아리가 된 곳을 향해 앞장선다고 한다.

〉

 노정은 풀내물과 물내풀이 맞서 싸우는 성지에서 멈춘다고 한다.

 암컷들은 메아리가 회귀한 땅에다 새끼를 낳고
 귀로에 대해 함구하지만,

 땅에 부딪힌 메아리가 방향을 틀듯
 땅을 디딘 무릎으로 일어선 새끼는
 새벽이 돋는 봉우리로 끝내 찾아와 첫 되새김질을 한다고 한다.

 새끼가 이빨 부딪는 소리로 물과 풀의 주기를 외우기 시작하면
 메아리의 지름을 가늠할 수 있는 뿔이 돋아난다고 한다.

어떤 새는 모음으로만 운다
―사랑

자신을 먹이로 쫓던 새를 찾아가
그 새의 눈물을 빨아먹어야만 살아남는 나방이 있다.
천적의 맥박 소리에 맞춘 날갯짓으로
잠든 눈까풀을 젖히는 정지된 속도로
천적의 눈물샘에 긴 주둥이 밀어 넣을 수 있었던
진화는 천적의 눈 깜박이는 찰나에 있다.
천적의 눈물에 침전된 염기를 걸러
제 정낭을 채운다는 미기록종 나방이여
상사 빛 날개를 삼켜 다시 염낭을 채워야 하는 새여
날개로 비행 궤적을 지우는 고요의 동족이여
제 감정에 마음 찔려본 자만 볼 수 있는 궤적은
내가 가위눌린 몸짓으로 썼던 미기록종의 자음들
나여, 불면이 네 눈으로 날아와 살아남으려 함은
이미 제 영혼인 울음을 간수할 유일책이기 때문
나여, 새의 부리를 조용히 열고
울음통 속으로 들어가 보아라.
차마 소리로 뱉지 못할 자음이 있어

모음만으로 울며 날아가는 궤적을 읽어보아라.

풍경의 음자리표

고갯마루에 음자리표가 걸려 있다.
무녀 댕기 같은 금줄이 감겨 있는 돌탑
낯모르는 사람들이 홀로 찾아와 첫 마음을 모아놓은
이곳을 지나가려면 금단의 악보를 읽어내야만 한다.
음표처럼 붙들린 날 보았다.
돌탑이 그러쥐고 있는 오선은 금줄만이 아니다.
물아래로 이르는 내와 유곡으로 드는 길
시집보내는 길과 상여 나가는 길
해와 달이 머무는 능선과 새들이 드나드는 등고선
돌탑의 오선으로 뻗쳐 있다. 이 음역에서
풀과 나무가 꽃과 열매를 피우고 맺고
숨을 부여받은 것들 모두 생동하고 있다.
모양과 크기와 색깔과
머무는 시간과 흔들리는 속도와 진동하는 빛깔과
떨어지는 길이와 향의 높이까지 모두
돌탑 음자리표에 박자를 맞추고 있다.
읽을수록 침묵에 드는 악보 앞에서

손바닥보다 작은 마음으로 주먹만 한 신돌 드는 것은
나를 버리는 고행처럼 길다.
돌탑에 신돌 하나 겨우 올려놓는다.
툭-, 신돌 부딪는 소리가 가슬히 퍼진다.
사람의 마음을 엿들은 풍경이
일순, 새로운 박자로 제자리를 곧춘다.

골목

  결국, 끝이 있다는 말이지
  '막다르다'는 형용사에 체포되어 추방된 명사名詞란 말이지
  원류에 쫓겨난 지류란 말이지
  십육 톤 식수 차가 오를 수 없는 넓이 앞에 멈추면
  일 톤 탱크로리의 힘으로
  엔진 소리가 언덕바지에 붙들리면
  물통을 실은 자전거가 앞바퀴 흔적으로 뒷바퀴를 끌어당기며
  바퀴가 등고선에 붙들리면
  물병을 뒷짐 진 노인의 보폭으로
  한 모금과 한 걸음을 바꾸며
  홀로 걸어내야 다다를 수 있는 좌표란 말이지
  결국, 골목은 사람에게
  지금이자 여기이고 막장이다, 결론케 하는 문장이란 말이지
  쪽방 한 칸을 마침표로 찍은 꼭대기까지

어떻게 빨아올렸을까, 한 방울의 사람을
우듬지가 물 모금 횟수를 손꼽으며 걸어 오르는 동안
어떤 꿈 꾸었기에
빈방과 고무신짝을 탈각한 맨주먹과 맨발로
수족手足 간의 높낮이를 헤아리는 순례에 나섰는가
결국, 낙과 같은 맨주먹이 맨발 높이로 돌아와
모든 손가락을 뿌리처럼 편다는 말이지
그리하여, 없음과 바닥이 맞닿아 더 밑일 수 없는 곳에서
'막다르다'는 형용사를 까부수고
'움켜쥐다'는 동사형 수족을 쟁취한 명사名士란 말이지
그리하여, 바닥이 은폐한 그 밑의 밑까지
악몽을 걸어 내 끝내 길몽이게 하는 혁명가란 말이지

수채화

먹감다 냇물 밖으로 뛰쳐나온 아이들이
대낮보다 환한 맨발바닥으로 자갈모래불을 박차며
흐으하아학 흐으하아학 웃음과 숨을 섞어가며
점찍어 둔 바윗돌을 향해 내달린다.

아이가 달라붙은 바윗돌이 빛 드는 물방울처럼 들썩
인다.

가장 어린 아이가 가장 멀리 있는 바윗돌에 배를 붙
이자
강변이 풍경을 재배열한다.
풍경이 들어찬 도화지가 수면처럼 우그러지듯
아이들이 밝히는 소란의 촉수대로 그늘이 옮겨간다.

사람의 말로 수식할 수 없는 풍경은
무심코 내버려 두어도 영원 이후의 풍경

바윗돌과 아이의 체온이 같아지는 동안
태초의 무심코가 지상의 영원임이 드러난다.

연인의 손을 잡고 땀 젖는 손바닥을 마주할 때
역광처럼 고이는 온기가 장래를 지시하는 것처럼
초경통에 잠 뒤척이던 아이 홀로
아랫배를 쓰다듬으며 냇물로 돌아간다.

통증을 신음하는 냇물이 아랫입술 하나를 기른다.
반달이 냇물 귀퉁이를 밟는다.
찌그러든 풍경이 부레처럼 부풀기 시작한다.

입술을 완성한 보름달이 천변과 냇물의 경계에서 덤벙댄다.
최초의 현을 켜는 소리 퍼지는 곳까지가 내일이겠다.

단체사진의 헤게모니

지난 시절 쌓아둔 문예지들 속에서
난공불락의 틈을 발견했어.

한 스승과 스물 남짓 제자들이 함께 찍은 사진이 인쇄된 페이지,
버럭 움켜쥐고 찢어버리려고 했을 때
등고선으로 구겨지며 영역을 구축하던 산맥,
수십 명의 작가와 수백 편의 작품에 짓눌렸음에도
결코 해발을 낮추지 않은 틈의 고도,

최고봉을 중심으로 병풍처럼 둘러앉은 봉우리들을 보며
맹호출림형국猛虎出林形局을 생각했어.
도대체 무엇이,
단독생활 습성인 호족을 일가一家이게 했을까.

한 사람의 미소는 모두에게

모두의 미소는 한 사람에게 연결되어 있었어.
미소로 짠 투망은 잘 보이지도 않더군.

미소를 투척하는 한 녀석과 눈 마주쳤어.
영점을 지키는 저울 바늘처럼 고독하게 살자고 함께 맹세했던,

교수임용 축하연과 출간기념회와 문학상 시상식에 참석해달라는
녀석의 전화를 서너 번 받았지.
고독은 시인의 잉크가 못돼!
영점에 머문 저울 바늘은 펜촉이 아니야!
미소만이 웃음을 사냥할 수 있어!
말끝마다 스승의 느낌표로
내 입술 틈을 괴어 미소를 강요하던 녀석,

질량보존의 법칙을 믿는 나여 자문하노니

녀석의 웃음을 위해 내 울음을 소비해야 할까?
흔들리다가 영점으로 돌아와 곧추서는;
자문은 생의 몇 페이지쯤에 끼우는 책갈피일까?

수평의 심장

일과를 마치고 침상에 누우면, 들린다.

몸에서 울리는 범종 소리,

지금껏 살아남게 한 소리가 낯설다.

두 소리가 합하여 내는 한 소리,

참 멀리 있는 마음까지 와 닿는다.

마음을 씻는 소리에는 맥놀이가 있다던가.

숯불처럼 제 속을 태워 내는 심장박동,

걸어낸 길을 정신에 져다 놓는 발걸음,

서로 소리를 씻어주고 있다.

발과 심장을 같은 높이로 모신 와불이

넘친 적 없는 수평과 범람하는 격랑을 독경하고 있다.

명예살인

벼룩시장에서 우연히 만난 코란을 펼친다.
미로 같은 아랍어 문장 속에서
한 여인이 출구를 찾아 헤매고 있다.

부르카에 감춰진
펜촉처럼 종으로 뻗은 두 다리가 보이지 않는다.

그녀의 반듯한 걸음은 반듯하지 않다.
팔다리가 따로따로 노는 마리오네트 보행법이다.
신神만 볼 수 없는 줄로 연결되어 있는

문장 속 그녀와 눈 마주친다.
그녀가 제 눈빛을 내 사지에 연결시킨다.

 나는 코란을 걸어 나와 오늘에 도착하였지만
 그녀는 수백 년 지난 속박으로 내 자유를 조종하고
있다.

〉
그녀의 전언을 외쳐야 하는 내 입술이
버려진 펜촉처럼 횡으로 말라붙는다.

그녀의 두 다리가 내 입술에서 걸음을 잃는다.
이제 그녀는 제 목숨으로 걸어갈 수 없다.

그녀의 사형집행은 내 침묵에서 완성된다.

그리움, 그 뻔한 것에 대해

누군가 부르는 소리에 멈춰 서면
뒤돌아보는 시야만큼 공간이 생겨난다.

부른 사람이 보이지 않는 만큼 팽창하는 영토.
자신을 발견할 수 있는 유배지.
외곽을 허물어놓고도 자신만 탈출하지 못하는

누구도 입장할 수 없는 성역聖域에
과거로 얼굴을 펼치고
미래로 표정을 그리는 사람은 쉬이 눈에 띄었다.

모든 사람이 볼 수 있는
내 마지막 표정이 생각나지 않아
내 얼굴에 무표정이 머문다.

무표정이 진심이라는 풍문이 떠돈다.

제2부

손과 입의 거리

아기가 밥그릇 앞으로 다가가 숟가락질한다.
어미젖을 쥐었던 손 모양대로 숟가락을 잡고
젖꼭지를 찾아냈던 입을 찾지 못해 허둥댄다.
이미 한술 크기만큼 벌려진 채;
본능을 실천하고 있는 입이
태초에서 세상으로 통하는 문을 열어젖힌;
주문呪文을 울어냈던 입이
태초의 약관을 사후死後 앞에 펼쳐놓고;
'사후는 손도장 찍고 영원히 본능을 이행하라!' 호통칠 입이
숟가락 든 손을 기다리며 걱정하고 있다.
본능의 입과 학습의 손 그 거리에
상상으로도 거스를 수 없는 유구한 시간이 있는 듯
손이 좀처럼 거리를 좁히지 못하고 있다.
볼이며 방바닥이며
헛걸음한 좌표처럼 어지러운 밥알들이
대낮까지 환히 밝혀대며 성운을 이룰 때

손은 입과 연결된 별빛 한 올을 복제해낸다.
첫 숟가락질에 성공한 아기가
손과 입을 별과 별의 거리로 두고 잠든다.
평생 숟가락질을 약조한 손이 가끔 입의 위치를 확인한다.
입이 꿈속에서 태초의 약관을 외울 때마다
손이 허우적대며 허공의 눈금을 더듬는다.
잠에서 깨난 입이 별과 별의 간격을 울어 재낀다.
손으로 입을 더듬어보던 아기가 팔등으로 눈물을 훔친다.
팔뚝에 별빛의 길이를 새긴 아기가 울음을 그친다.

또다시 허밍humming

나만의 노래를 찾아 방황하던 중
속 텅 빈 고목에서 새나는 물소리를 들었어.
그간 수많은 형상을 옮겨 쓴 낡은 악보를 버리며
그 어떤 까닭이 햇가지에게
다른 박자를 선택하게 했을까 생각했어.
까닭의 배후가 거처하는 그늘을 추궁할 수밖에 없었지.
사람 위에 군림하고 싶은 사람이
둥지를 떠받혀준 나뭇가지 모양을
첫 날갯짓을 밀어주는 나뭇가지 모양을
새가 날개 편 모양을
십자가 형상으로 삼았다더군.
물과 빛으로 짠 꽃과 열매로 영원을 밝히던 나무는 잊혀지고
사람들은 상징이 만든 광명으로 영혼을 밝히더군.
당산나무에서 예배당으로 본적을 옮긴 할머니는
손자를 외양간에서 낳게 해 전설을 표절했지만,
자문 없이 자답해버리는 습관을 가진 나는

심장의 파문波紋을 따르는 죗값을 노래하고 있더군.
　우리는 그저 바람 속에 흩날리는 먼지일 뿐*
　기도문을 노랫말로 바꿔 파문破門된 것이 우연일까.
　두 손을 모으게 해 방어기제를 해체하고
　두 눈을 감게 해 두려움을 영접하게 하는
　기도 자세는 신의 음자리표에 두려움을 가두는 방식.
　점에서 시작한 선이 다시 점을 맞잡는 원형감옥은 허술해.
　합장은 실마리를 풀면 사라져버리지.
　나는 실마리가 없어 완전한 둥근 물결을 섬기는 종족.
　둥근 물결을 복기하던 나이테가 점 하나를 밀어내고 있어.
　점에서 원으로 더 큰 원으로 퍼지는 원주가
　몇 숨까지 굵어지면
　흔들림에 쫓기던 새들이 전축 바늘 같은 발톱을 올려놓고
　평생의 두려움과 한 번의 사랑을 바꾸는 명반이 될까.

* 록그룹 캔자스의 노래 dust in the wind의 가사를 인용.

완전한 가축

식욕이 던진 돌창이 근육의 힘 밖으로 날아간다.
비명 한마디가 정적靜的을 완성한다.
실명한 들개가 새끼들의 방향을 짖는다.
인간이 제 시선을 향해 뛰어간다.
정말로, 죽음이 섞인 젖을 빨게 했을까.
들개를 둘러멘 인간이 움막으로 돌아간다.
새끼들이 들판을 등진 채 어미 주검을 따라간다.
정말로, 그 새끼들이 최초의 가축이 되었을까.
정말로, 우리에서 처음 양육한 것이 허기였을까.
새끼들이 어미 넓적다리 살을 뜯어먹는다.
새끼들 눈에서 돌창이 지워진다.
정말로, 인간을 향해 꼬리 치는 각도로 우리를 열어두었을까.
새끼들이 우리로 돌아와 잠을 자고 몸집을 키운다.
정말로, 한배에서 난 근친끼리 교접하게 했을까.
우리에서 태어난 새끼의 눈에 들판이 지워져 있다.
정말로, 젖이 마르면 어미를 도살했을까.

새끼가 어미 다리뼈를 갉아 먹는다.
들판으로 돌아가는 들개의 지도가 사라진다.
인간이 양육한 허기가 들개의 식욕 속에 자리 잡는다.
정말로, 허기가 식욕을 조종하는 들개 울음이 생겨난 뒤
인간의 단잠이 시작되었을까.
인간은 길몽 중에 꼭 한 번 들개의 비명을 지른다.
비명이 악몽을 뜯어먹어 길몽은 계속된다.

자음의 필법

회귀어가 몸통에 지느러미를 수없이 고쳐 쓰며
강물 소리를 열고 있다.
모음 같은 나무토막을 문질러
불씨를 자음으로 적어넣고
환호로 읽는 호모에렉투스가 보인다.
산란을 위해 제 주검을 찾아가는 것
나무토막이 사람의 감정으로 변태한 것
이런 게 세계를 열어젖혔다는 말이다.
신세기에 도착했다는 말이다.
자음을 받아들인 모음은 이동한다.
심장은 자음 위치에 있고
다리는 모음을 바꾸지 않는데
미동도 하지 않은 내 감정이
너에게 도착했다는 게 신비롭다.
자음이 주도하는 필법 앞에서
누가 침묵할 수 있을까.
강물은 회귀어의 몸짓을 발음하지 않을 수 없다.

강물 소리를 받아적는 들판은 흔들리지 않을 수 없다.
산맥은 너머에 닿지 않을 수 없다.

보지

어떤 균열도 한 덩어리 되게 할 수 있다는
여자 걸음을 본다.
두 다리를 하나이게 한 음부가 보폭을 통제하고 있다.
걸음 밖에 도착하려 대를 이어 걸었다는 여자
완주 기록 한번 없는 것은
제 영토인 감정을 확장시켜 나갔기 때문이다.
아버지가 사준 민중서관 국어사전에서
돌잡이처럼 펼쳐본 첫 낱말.
그때, 후끈 달아오르던 신열은
남의 장기를 이식한 부작용 같아서
나는 다른 박자로 재작동을 시작했다.
그리하여, 나를 부모로부터 독립시킨 낱말.
나를 생물학 군에서 심리학 군으로 전향시킨 낱말.
에센스 영어사전에서도 그랬던가.
어떤 문자이거나 어떤 발음이어도
언제나 나를 감정의 민중이게 하는 낱말.
낱낱의 문자를 쓰는 낱낱의 인종이더라도

언제나 완전 소통하게 하는 공통어.
인류가 경험하지 못한 감정 하나 창조하겠다는 내가
단 한 번도 탈출해보지 못한 감정.
끝내 전 인류를
타인의 무기수로 살게 하는 내 장기臟器.

손톱 설화

길어나는 손톱은 신이 사람의 외곽에 쌓는 성벽.
손톱 밑에 끼인 사람은 개종 못 하는 식민이 된다.
손톱을 길러 탈출을 시도할수록 신의 영토가 넓어진다.
내 손톱을 내가 깎아 신의 성벽을 허물면
늘 손톱 조각 하나가 눈 밖으로 사라진다.
손톱 조각을 찾으려는 자세는 자연스럽다.
신은 어느새 등 굽히게 해
내게 내 밖을 보지 못하게 한다.
손톱을 찾아 더듬더듬 만진 것들은
손톱 밑에서 때가 된다.
하물며 눈물마저도 내 안으로 떨어뜨리게 해
내가 나를 저주하게 한다.
손톱 밑을 찔러 나를 되살리려는 사람이 있었다.
항명에 실패한 그는 밤으로 유배되었다.
달을 기르는 풍습이 구전될 때
초승달은 정화수 그릇에서 발견되곤 했다.
잘 기른 보름달은 그릇 밖으로 나가지 못했다.

그는 그릇의 형질을 섬겼으며
달의 주기로 파종했고
그릇에 담겨 해를 넘긴 열매를 씨앗으로 삼았다.
누구도 이 풍습을 개종하지 않았다.

검붉다

  얼굴을 무표정에게 양보한다.
  얼굴이 텅 빈 양면 악보처럼 펼쳐진다.
  체온이 유인원 이전의 음색을 다녀온다.
  차갑게 바뀌는 감정은 옛말이 된다.
  짙어졌다는 말과 어두워졌다는 말이 같아지는 저물녘
  검정으로 투항하는 색깔들이 거친 노래를 주관하고 있다.
  방향이 거꾸로인 단 하나 빨강은
  독창 속의 합창을 이탈하고 있다.
  호흡이 줄면 평지로 돌아오는 산등성이처럼
  낮아진다는 말과 멀어진다는 말이 같아진다.
  흑백이 원색으로 발음되는 세계에서
  빨강이 간주만큼 따듯해진다.
  얼굴과 표정이 1, 2절을 혼동해 부르며 같은 체온으로 겹친다.
  붉음을 노래할 때만 제 모습을 내보이는 새벽
  감정이 노랫말의 필자와 화자를 착각한다.

"의"로 적은 노랫말이 "에"로 발음되어도
검정이 섞이는 빨강은 여전히 붉다고 해석된다.
어떤 체온에 도착하면 1인칭이 2인칭으로 바뀌는가.
나는 우리로 연주되는 악보가 되는가.
양면 악보를 펼쳐놓았던 자리가 한 면으로 남아 있다.

回의 완성

석불 앞에 큰절로 엎드린 망부석
제 몸보다 큰 제 그림자에 들어 있다.
뜨거운 마음 하나 갇혀 있는 몸
필시 돌아올 回자의 원형이다.
씨방이 꽃잎 털어낸 자리에 영점을 밀봉하듯
모든 그림자가 몸속으로 지는 정오
몸 바깥으로 길어난 석불 그림자
망부석의 어깨를 슬그머니 민다.
여자 그림자가 인연 쪽으로 밀려 나간다.
이 허술한 문으로 사내가 들이닥쳤을 것이다.
흠칫 놀란 여자가 몸을 뒤틀 때
미처 몸을 따라가지 못한 그림자는 사람의 떡잎이 되었다.
뒷물하는 여자가 얼마나 씨앗의 자세를 닮았으면
여자의 감은 눈에서 마음이 움텄을까.
얼마나 몸 밖을 떠돌면 마음을 자신으로 인정하는 걸까.
여자 그림자가 망부석의 사방을 에돌고 있다.

제 나선 문을 찾지 못한 마음이 몸을 들여다본다.
필시 겉과 속이 뒤바뀐 回자의 변형
누가 이 진경을 섬기다 돌아갔는가.
뫼비우스의 띠 같은 획순을 끝없이 탑돌이 했는가.
눈동자 모양의 발자국 흔적을 독경한다.
석불이 사람의 발자국 밖으로 나서지 못해
回자의 진화는 완료되었다.

흑백을 앓는 포스트모더니즘

화사花蛇는 검정을 앓아 하얀 주검을 완공한다.
화사華奢함이 기생하던 척추 골격,
패배는 수족으로 이동함으로 몸속에 집어넣었다.
알을 보호하는 뱀처럼 폐가를 사수하는 골목,
척추 하나로 최후의 결전을 기다리고 있다.
도착하지 않은 꽃을 응시하며 카운터펀치를 준비하고 있다.
양지가 음지가 되고 젖었던 흙이 마르는 걸 보면
골목은 무채색으로 꿈틀거리고 있다.
화사한 침공에 패배할 줄 미리 알고
이미 꽃그늘을 앓고 있다.
미리 미래를 아파하면
새로운 감정 하나 만들 수 있는 걸까, 생각하면
폐가는 보란 듯이 내 눈 속에서 무너져 내려
과거형 감정; 무채색을 앓게 한다.
제자리를 고수하며 무너지는 무채색; 서정은
지금껏 없었던 통증 하나를 약속받은 걸까.

모든 유채색을 섞으면 검정 하나 만든다는 말을 믿는 걸까.

골목에 기생하던 꽃이 목을 꺾고 아랫도리를 돌아보는 것은

흑백만이 척추이기 때문이다.

유채색 꽃은 왜 검정 씨앗을 밀항시키는가?

흔들리는 물방울
―대숲

점의 원형
사발을 기울여 자리끼를 마신다.
지평 같던 표면장력이 물줄기로 바뀌었지만,
머리맡에서 채집한 고요는
여전히 아무런 방향이 없지만,
물줄기에서 떨어져 나간 또 한 점의 물방울
한사코 발등으로 떨어진 까닭
생각하기 이전이었지만,
연인의 별사처럼
한사코 내 몸에 점 하나 찍는
인기척을 향해 고개 숙이면
점을 건축하는 노예가 보인다.
침묵이 가장 잘 들리는 제자리에 멈춰
한 마디 한 마디 그늘을 쌓는 죽순,
쪼그려 앉아 밭을 매는 노파처럼
척추뼈를 뒤틀며 뒷모습을 개간하고 있다.
불현듯 내려다보았다는 게

몸의 점이 발이란 걸 일러주는 것일까.
발의 방향을 거부한 몸이 없듯이
빛 한 점 찍혀 있는 물방울이 기울고 있다.

추사체

  버들이 그늘을 땅의 을모에 맞추고 있다.
  수면을 제본하는 비첩이 그늘이라는 풍문이 시작되었다.

  버들은 방향 없이 흔들리는 향방을 회유하고 있다.
  생모가 동자승의 머리를 마지막으로 빗겨줄 때
  한 호흡의 길이가 생겨나는 것처럼

  버들가지는 휠수록 그늘이 짙어졌다.
  제 발을 향해 고개 숙이면 돌아오는 마음이
  숙연宿緣을 회고하는 것처럼

  흔들리는 그늘 옆에 번민을 둔 사람들이
  수태 기간만큼 웅크렸던 사람들이
  제 그림자를 제 몸의 부수로 삼는다.

  사람이 상형문자로 보이면

버들은 그늘 한 장을 넘겨 사람을 방생했다.

제가 머물렀던 그늘을 열람하려면
수심만큼 깊은 침을 검지에 묻혀야 했다.

검지에는 몸집보다 큰 그림자가 붙어 있곤 했다.

필통

침묵을 연다.
호령하던 입술이 복종하듯 닫혀 있다.
부러진 입꼬리에서
패잔병의 노래가 흘러나온다.
후렴마다 억양이 바뀌고 있다.
입이 가장 먼 발을 다 부르면
입술은 얼굴 밖으로 버려지고
무표정은 완성될 것이다.
누군가 내 입술을 사용하지 않는다면
내 전쟁사는 발굴될 수 없다.

성화聖畵

 심야 카페 탁자 위에 침묵 두 덩어리 놓여 있다. 석공의 망치질 소리가 맥박 사이로 새어나간다. 양 팔꿈치를 기단처럼 받치고 양 손바닥으로 얼굴을 받치고 눈밑 주름으로 눈동자를 괴고 마주 보는 앳된 연인들. 상대 눈동자 속으로 제 마음을 숙여 상대 눈동자 속 제 모습을 정질해대고 있다. 그림자를 뻗어 다보탑에 핀 이끼를 털어주는 석가탑처럼, 마음보다 먼저 몸 밖으로 나간 그림자가 닳고 닳았다. 닳아버린 그림자가 상대 눈동자부터 상대 마음까지의 거리였으므로 나는 더 이상 연인들의 침묵을 듣지 않기로 한다. 침묵은 성인聖人의 말씀일 뿐이다.

망설이다

낡은 경전은 흐느낌 같은 표지에 덮여 있더군.

속을 보이려고 겉을 덮는다는 서설
한 삶쯤 뻗어난 오솔길을 덮고 있네.

수의 밖으로 뻗은 팔에 주먹이 잠겨 있네.
팔이 몸의 길이 아니었다고 시치미 떼고 있네.

문밖에 나를 세워놓고
눈길 한번 주지 않고 떠날 그가 아니어서
헐거운 손가락 너머로 그를 넘겨다보네.

양력 주기를 따라간 뒷모습을 얼굴로 보면
음력 주기로 뒤늦게 당도하는
망자의 말씀을 따라가게 된다는데

제자리 밖에 발 디디면

후생을 잃을 것 같아
어설픈 주먹 속에서 좀 더 머물기로 하네.

접속사

 어제는 보름달이 삐뚤게 박혀 있어 기울어진 천칭이었다. 한쪽으로 쏠린 사람들이 모은 체온으로 어둠은 흔들리지 않았다. 어둠은 사물의 상상을 엿볼 수 있는 투명한 온기였다. 낮을 미리 본 그믐달은 반 박자가 닳아 있었다. 짧아지는 새벽빛에 조율이 필요했지만, 부조화 음정을 섬기는 사랑에서 달은 여전히 음자리표였다. 두 눈을 감아야 제 감정을 재는 사람들이 낮달을 바라보고 있었다. 뒷모습은 앞모습으로만 기록할 수 있어 감은 눈은 더 반짝거렸다. 눈동자로 감정을 옮기는 종種은 내일에 도착했고 눈을 깜박이는 유행은 관습이 되었다. 내일을 생각하면 부풀어 오르는 감정이 주격이 되곤 했다. 한 사람의 체온을 계량한 뒤 나는 나에게로 기울지 않았다. 사람들이 평형에 대해 물어오기 시작했다.

제3부

독백

　나는 균열 없는 병에서 새는 잉크였다. 밖이 아픈 증상이었다. 내 손에 기생하여 밖으로 나온 기호들은 엷어지는 병명으로 소멸했다. 느낌은 내부를 봉합하는 것이어서 가까운 소리가 들리지 않았다. 눈에 든 피사체마저도 혼잣말로 읽을 수 없었다.

　나에게 말을 걸었다. 청년은 내 말을 엉뚱하게 알아듣고 엉뚱한 대답을 했다. 나에게 도착하지 않은 혼잣말들이 입속에 엉겨 있었다. 내벽에 기포들이 달라붙어 있는 유리병처럼 무표정이었다.

　청년이 제 얼굴을 연주해주었다. 누설되는 검정은 한숨 길이로 끊겼다. 나는 나도 모르게 청년의 표정을 듣고 있었다. 투명 잉크병에서 검은색이 넘치는 느낌이었다.

　가장 슬픈 표정에 도착한 청년에게 물었다. 얼굴에서 목소리를 제거하면 표정이 되는 건가요? 목소리 없이 당신의 표정을 들려줄 수 있나요? 사람의 말로 생겨나는 눈물은 가짜 같아서요.

　청년이 얼굴 안으로 표정을 들이밀었다. 목소리가 생

겨났고 나에게 혼잣말을 들려줄 수 있었다. 혼잣말에서 복수의 목소리가 들려왔다. 내 목소리 속에서 내 목소리가 자라고 있었다.

기우는 동그라미

달력 곳곳에 동그라미가 그려져 있다.
동그라미를 이리저리 연결하면
새로운 별자리 하나 생겨날 것도 같고
한 가문을 지켜주는 부적도 그려지겠다.
동그라미마다 한쪽으로 찌그러져 있다.
싹을 내어주고 텅 빈,
씨앗 껍데기 같은 둥근 선을 들여다보면
어머니와 아버지가 등 굽혀 머릴 맞대고 앉았다.
모성 쪽으로 기운다는 동그라미를 바라보자니
할머니의 기일을 묻는 아버지가
어머니께 재가를 구하고 있다.
달력에서는 모성이 가장이다.
어머니에게 가부장권을 넘겨준 음력이
양력을 앞세우고 뒤따라가고 있다.
동그라미 속 날짜를 읽는
어머니의 눈까풀도 한쪽으로 찌그러져 있다.
내게는 그저 숫자로만 보이는 날짜인데, 어머니는

한쪽으로 닳는 인감도장 테두리 속 이름으로
정화수 그릇 속 얼굴로 읽는 것이다.
나도 어머니 흉내를 내며
새끼들 생일에 동그라미를 쳐둔 적 있지만
그저 사야 할 양초 개수만 보일 뿐이어서
촛불 밝기를 믿는 나는 양력으로 앞서 나가고
사연을 짐 진 어머니는 그믐처럼 뒤따라오고 있다.
음력으로만 기록되는 사연이 얼마나 무거운지
어머니 안짱다리가 점점 한쪽으로 기울고 있다.

빨간색 원고지

이 감방에 수감되면 모두 좌파가 되지
잠꼬대 동작까지 반역으로 읽히지
감방에 갇힌 몸은 발설된 적 없는 문자
멸균할수록 더 전염되는 체형이지
필기체로 꿈틀대는 맨몸을 운동권運動圈이라 하지
감방[口]에 갇혀
무릎 꿇고 두 손으로 정신을 모으면[券]
혁명가로 불리지
수형복은 체형 개조에 마침맞은 고딕체이지만
교정 줄로 옭아매고 독방에 처넣어도
맨몸은 쑥덕공론처럼 옮겨 다니지
맨몸은 끝내 만민을 물들이지
고문에 굴하지 않고 기꺼이 주검 되어 내지른
한 사람의 혀는 펜촉이지
광장에 모여 이구동성 하는 입술의 대열을 내려다봐
수만 입술에 갇혀 요동치는 혀들을 읽어봐
혀는 입술에 가둘 수 없는 수배자이지

무표정 큐브

감정이 나를 밀어내고 내 말을 점령하는 것 같아.
내가 타인처럼 느껴지는 날이 잦아진 이후
내 얼굴은 거울로 옮겨가 있었어.
타인의 눈동자에 내심을 맞추던 얼굴이 묻더군.
참말을 거짓말로 듣는 사람이 늘어난 것이며,
서술어에게 고개 돌리는 습관을 지적받는 것이며,
언행이 다르다는 말을 자주 듣는 증상에 대해서.
환영을 본 탓이라고 대답한 나는
여러 차례 나를 분해 조립해보았어.
뇌를 쏟아내 가슴에 담아도 보고
심장을 성기에 밀어 넣어 발기시켜도 보았어.
어떻게 맞추어도 한 모양으로 해석되는 결국처럼
사랑이란 감정 하나만은 멀쩡하더군.
내심을 표정에 맞추는 게 외형이란 걸 알았을 때
나는 다면이 다른 색으로 닫혀 있었어.
각각이 혼란스러워 하나의 문을 연 큐브처럼
난해를 덧붙일수록 답이 나타나는 표정을 살펴본 적 있어?

보조사 '나'

잡지의 잡雜은 팔방에서 모인 졸卒로 구성되어 있다.
이곳은 인가로부터 길 끊긴 맹지인데
'시나 써볼까' 하는 잡놈들이 지지배배 모여든다.
보조사 '나'는 얼마나 패배의식 짙은 '나' 자신인가.
무엇도 기를 수 있는 잡종지에서
나는 주관적인 주격이어서
나태한 가난이 청백리의 염결로 해석되기도 하고
감정에 미화된 개똥철학이 사상이 되기도 하고
현실 부적응자가 투사가 되기도 한다.
이렇게 쉽게 신분을 뒤바꿀 수 있는 노름판이라면
한 삶쯤 판돈으로 걸어봐도 좋겠는데,
잡초 무성한 곳에는 생태 파괴 수종이 토착하기 좋아
나만을 위해 사용하는 힘; 권력이 울창하고
남이 나에게 부여해주는 힘; 매력은 패배처럼 시들어
아무리 잡새 떼처럼 말을 섞어도
'나'는 '우리'에게 들리지 않는 경우가 허다하다.
이렇게 타자라는 주어에 붙어 할 수 있는 일이란 고작

최선을 다해야 패배할 자격을 얻을 수 있다는 것뿐.
보조사 나로 우리에 기생하는 나여,
주어여야 하나 보조사로 해석되는; 삶이라는 오독
이 한 행 깨달았으니 한마디 하자.
조연助演이야말로 나를 주재하는 삶이다.

감정

나는 총체여서 크다.
침묵할수록 팽창하는 말은
타인에게 도착하지 않았다.
나는 진화한다.
오직, 도착하기 위해
작아지며 더 작아지며 이동한다.
이윽고 말은 무형이 된다.
보이지 않던 말이 보일 때가 있다.
기호가 의미의 상자인 것처럼,
시선은 나를 나도 모르게 이동시킨다.
내게서 자주 행방불명되는; 나를
얼굴에 숨긴 적 있다.
나는 타인의 눈에서 발견되곤 한다.
내 침묵이 숨김없이 모두 말했다는
고백으로 해석되는 건
타인의 눈 속에 도착한
내 얼굴이 붉기 때문이다.

내가 유일하게 진화시키지 못한
붉은색 때문에 나는 있다.
내 입꼬리를 보면
침묵을 묶어둔 붉은 흔적이 있다.

동대문아파트

1964년생 동대문아파트 한가운데 허공이 박혀 있다.
6층짜리 콘크리트 네모가 웅크린 원으로 보인다.
어디쯤 심장 하나 꿈틀거리고 있을 것 같다.
허공은 균열이 찾아낸 구석에 모세혈관 같은 햇빛을 박는다.
심지어 반죽은 실뿌리에 박혀 석류의 감정을 설계한다.
뿌리박는다는 건 이생에 후생을 축조하는 일인가 보다.
거의 다 탄 연탄 위에 새 연탄을 올려놓듯
열매는 뿌리가 만든 상층부일 뿐
가지는 여전히 뿌리박는 공법으로 그늘을 쌓는다.
햇빛 한 무리 날아와 석류에 박힌다.
뿌리인 양 아래쪽으로 휘었던 가지가
도면대로 돌아와 그늘의 평수를 지켜낸다.
씨앗은 이 휘청거림을 눌러쓰는 깊이로 기억한다.
기억이란 누군가 그려둔 도면을 내 눈 속에 펼치는 일인가 보다.
9평짜리 천장에 박혀 있는 윗집 연탄 화덕

수십 년째 허공을 태우고 있다.
이 요철에 꿈을 맞추었던 사람들이 보인다.
추위를 보듬는 자세로 웃음을 기르는 종족이
아랫집 천장을 파 허공을 박지 않았다면
어찌 위층에서 온기를 기를 수 있었겠으며
대면 없던 옛사람들이 내 기억에 박혀 있겠는가.
철거 공사를 멈추고 연탄 화덕을 남겨둔 뒤부터
뿌리 깊이로 허공을 그려 넣는
건축 설계사의 자세를 흉내 내곤 한다.
어떤 까닭으로 낯모를 그가 내 기억을 설계하는 것인지
빈칸을 벽돌처럼 쌓아놓은 원고지 앞에 앉으면
나는 가끔 나에게 묻곤 한다.
너는 누구의 감은 눈에 박혀
누군가의 기억 하나 설계하고 있는지

카오스로 코스모스 맞추기

퍼즐 한 조각 모자란 코스모스를 보았네.
앞니 하나 낙화한 미소가 해롱해롱 술내를 퍼뜨리네.
휘어져야 반듯이 도착하는 지구본의 경도처럼
꽃의 척추가 하롱베이 쪽으로 기울어져 있네.
카오스처럼 어지러운 통화음 알아듣진 못하지만
속맘 감출 앞니 없었던 적 있던 나
그의 헛발음 조각들을 어림 맞출 수 있겠네.
저 헛발음으로 미소를 짜 맞추는 곳에
일가족 둘러앉아 있을 것이네.
식탁 한가운데 놓인 이빨 빠진 찌개 그릇과
앞니 빠진 어린 딸의 함박웃음 떠오르는 걸 보면
나 잠시 저 사내의 심사를 빌려 고성방가할 것도 같네.
저 사내 바로 걸어도 휘청거리는 창신동 골목을 나서
하롱베이행 비행기에 오를 때면
싸구려 산뿌라 앞니 해 박았을 것이지만
일가족이 짜 맞춘 가장의 미소는 코스모스보다도 밝아
가장의 미소에 주먹질의 내력이 있었음을

가장만 눈치채지 못할 것이네.

인류 진화도표

나[吾]가 나를 의식하지 못한 채
이미 반응해버린 것이 본능이다.
사랑에 갇혔다가 할복으로 탈출한 사람의 이야기를 들으며
신이 방조한 사람의 자살에 대한 자문자답으로
내가 어떤 무리이며 갈래인가를 가늠해본다.
신이 무에서 창조한 생명을 무로 파기 환송한,
신과 일합을 겨뤄 연 저세상에 대한 질문을 듣는 순간
나는 이 세상에서 나를 빼돌려 대답을 유보했다; 본능적으로
대답을 찾아 머뭇거리는 이 정지된 순간이
신과 사람의 군속이 갈리는 지점이다.
시간이 존재하지 않는 알 속과 같은 순간에서
대답을 찾아 마음으로 향하는 부류가 사람이다.
그 없는 시간에서 머뭇거리던
나[吾]가 스스로 돌아와 마음에 갇히는 것이 탈각이다.
그 영어囹圄의 외곽이 사랑의 태반이다.

일평생 사랑에 갇힌 태아가 사람이다.
나[吾]를 口 속에 가둔 사람이 口를 박차며
'사랑한다, 나를 따르라'는 영令을 내렸을 때.
천군만마로 믿었던 대상이 외면하고 돌아섰는데,
어느 장군이 배를 갈라 속을 보여주지 않겠는가.
신이 무에서 창조한 생명을 무로 파기 환송한
사람의 사랑을 감히 신이 가늠할 수 있겠는가.
나는 신의 자살 방조에 대해 무죄를 선고한다.
신이 경험할 수 없는 게 사랑이라는,
신은 없는 시간을 창조하지 못한다는,
예외조항에 의거
없는 시간에 갇혀야 태어나는 한 지류를 그려 넣는다.

永자가 점으로 시작하는 이유

털끝이 닳아 수명 다한 몽당붓
마지막으로 永자를 쓰고 매달아두었다.

발인에 맞춰 파묻어주려는데
장딴지 근육처럼 모인 수천 개 털이
여적 한 방울 딛고 있다.

묵향이 서성거리는 동안
일생을 한 글자로 축약할 수 있다던가.

스밈 측점側點으로 앉아 있는 사람
가로 그음 늑勒으로 눈을 문지르는 사람
쪼음 탁啄으로 가슴을 두드리는 사람
추켜올림 적趯으로 턱을 괸 사람
삐침 책磔으로 팔을 떨어뜨리는 사람

망자를 추억하는 자획대로 잠든 사람들

한 행 한 행 지워지고
뒤꿈치 자국 같은 점點 홀로 남아 있다.

저 뒤꿈치가 쓴 길 습자하듯 걸어내면
뒤꿈치가 몇 개의 갈라짐으로 뭉쳐진 한 점인지
뒤꿈치에게 첫걸음을 맡긴 사연 무언지
드러날 것이다.

손잡이의 은폐

올무 구조 손잡이는
우리가 편해하는 높이에서 손동작을 채집하고 있다.
손잡이 밖 표면은
뒤와 너머를 은폐한 간유리로 닫혀 있다.

등잔 밑에서 벌어지는 일 뻔히 아는; 첫날밤
끝내 문구멍 뚫어
한 가문의 설계를 들여다봐야만 했던 손동작을 물려받은 나
망설임도 없이 손잡이를 잡아당겼다.

내 숨을 죽여가며 두 손 모은 손동작으로
새 생명의 숨을 기원하던
내 머뭇거리는 시간은 어디로 사라졌는가.

손잡이 밖을 밀어젖히는 시간이 저항의 연혁이라면
내 사후를 차용해서 문 앞에 정박하게 하리.

〉
손잡이 밖 표면을 밀어젖힌다.
내 손바닥 흔적을 따라 누군가의 손바닥이 겹치고
너와 나의 흔적 위에 또 누군가의 손바닥이 겹치고
우리의 손때 위에 우리의 손때를 겹친다.

손때 묻은 표면으로 뒤와 너머가 보이기 시작한다.
우리가 만든 이 역설적 투명을 오늘이라 부르겠다.

손잡이 밖을 밀자.
자연스럽게 빼앗겼던 머뭇거리던 시간을 되찾자.
손잡이 밖을 밀자, 오늘
남을 위해 사용하던 내 간절함을 되찾자.

손잡이 밖을 민다.
과거가 오늘로 호출된다.

정물화

거울을 보며 자화상을 세밀 묘사한 사람은 화가가 되지 못했다. 정물화를 갈망하던 그가, 이토록 똑같이 그렸는데 왜 남다른 느낌이 없는 거지 생각할 때, 자문 하나 찍힌 눈은 다른 자세로 움직였다.

자문에 동반하는 이 눈빛은 어디로부터 오는 걸까?
모든 사물에 눈빛을 그려 넣을 수 있다면…, 심상이 살아 있는 정물화가 될 거야!

눈빛을 찾아 자신만 헤맨 사람은 정물화를 그리지 못하고 사망했다.

또 다른 사람이 캔버스에 꽃을 옮겨 그렸다. 그가 꽃의 고삐를 찾아내지 못해 꽃은 캔버스 속에서도 계속 흔들렸고, 정물화의 탄생은 요원했다.
그가 연필을 놓고 꽃을 관조하던 중, 꽃이 빛을 찾아 밤낮을 왕래함을 보았다. 순간, 자화상처럼 움직일 수 없었던 그는 수많은 자문자답을 할 수 있음에 놀랐다.
 타자와의 내통을 목격한 그가 사과를 그렸다. 사과는 빛을 찾아 캔버스 속을 굴러다녔다. 그가 사과에 빛 한 점을 그려 넣었다. 사과는 자신 밖을 향해 눈을 겨누었고 다시는 움직이지 않았.

 저 사과의 고삐를 지우면 흑연 사과는 캔버스 밖으로 탈출해 유채색으로 객사할 것이야.
 정물화를 본 사람들이 말했다.

 밤하늘 한 별을 응시하면 나는 움직이지 못했지만 수많은 궁금증으로 너를 그릴 수 있었다.

제자리

돌의 요철을 본떠 깎아 만든 좌대는
서성거릴 수 없어 좌불안석이다.
흔들리는 수면에 자리 잡는
돌을 보면 제자리란 말이 궁금해진다.
물살에 몸을 맡겨 돌아선 돌이
제 뒷모습을 듣느라 숨죽이는 것 보면
돌은 자신을 궁금해하는 생물이다.
제자리는 되돌아보는 틈을 둔다는 말이었구나.
돌이 물의 발음을 들으면 밤이었으며
바람의 발음을 들으면 낮이었구나.
반쯤은 물에, 반쯤은 흙에 거처를 둔
돌이 서성거리자 저녁이 제자리를 잡는다.
풍경에서 제자리를 빌릴 수 있는 종족은
뒷모습을 탁발하는 관습을 갖고 있다.
길 앞에서 첫걸음을 신고 되돌아본다.
돌을 닮는 종족은
자신을 들을 수 있는 침묵에 서게 된다.

파종

코뚜레에 멍에까지 쓴 소가 땅거미를 끌어.
죽을힘 다해 탑塔을 기르는 소의 목에
우각사牛角寺란 현판 걸어주고 싶어.
쇠뿔의 고랑을 가늠하던 사람이 있었지.
소의 목덜미에 풍경風磬을 달아주는 자손이었지.
뿔이 없는 그는 목덜미에 고랑을 새겨넣고
고랑에 씨앗을 놓고
고랑에서 자란 것을 먹으며
고랑을 숭배하는 종족이었지.
농부라는 말로 그를 설명하던 사전은 폐기해야겠어.
농부는 제 굽은 그림자를 펼 수 없을 때 눈을 감지.
생전의 그가 갈아엎은 대지를 바라봐.
씨앗처럼 날개를 접은 날짐승들이 산맥에 박히고 있어.
어둠의 보폭으로 한 줌 한 줌 뿌려놓은 마을마다
씨눈 같은 창틀이 움트고 있어.

나는 나를 그릴 수 있을까

내 입술을 내 밑그림으로 여기는 새벽이
오늘에 대해 묻는다.

나는 아직도 어제의 풍경에 박혀 있다.
걷고 걸어도 길을 벗어날 수 없는 발자국처럼

지난겨울 도착한 잔설이 설문을 지운다.

새벽은 대답할 시간을 줄이는 주관자여서
내 입은 나와 나를 오가는 다인칭으로 분주하다.

내가 오늘을 몇 명으로 준비하는지 모르는 새벽은
한사코 입술 연주법 하나만을 일러준다.

나는 나를 완주한 적 없어 복화술을 몰라요,
혼잣말로 대답하면,
새벽은 또 어둠을 지워 내 채색을 지운다.

〉
내가 또다시 찾아내야만 하는
오래된 내 첫걸음을 내 대답으로 받아준다면
나는 여전히 나의 질문을 그리러 떠날 것이다.

제4부

양철 팔레트

합장을 억지로 열어젖혔다.

달력의 칸칸마다 물감 한 덩어리 굳어 있었다.

검정이 월요일 새벽까지 무사하지 못할 거란 예감으로 짙어졌다.

월식의 공식으로 가까워지는 검정을 들여다보면

몇 종류의 걸음을 가진 사람들이 자신에 대해 말하기 시작했다.

나가 하나가 아니라 둘이라는 말에 수긍하는 사람들은 다른 종으로 분류되었다.

생각은 감은 눈에서 섞는 색깔이었다.

얼굴과 표정은 표지와 속지처럼 다른 색깔을 선호했다.

나는 매일 다른 인칭에 도착해 있었다.

한 사람이 이인칭을 배합해냈다는 소문이 떠돌기 시

작했다.

 얼굴에 마음을 섞어 표정을 만든 첫 사람은 발음을 채색하는 체온이 모자랐다.

 그것은 사랑이라 불리는 감정이었다.

 표정은 얼굴을 넘쳐나는 색깔이었다.

 자신의 체온보다 높은 온도로 말하는 신인류가 탄생했다.

노구

얼굴과 양 손바닥이 서로 묻고 있다.

대문을 사이에 두고 서서 한참 동안
응답을 기다리는 것처럼
정표가 틈 하나 맞대어 세월을 감별하는 것처럼
얼굴 주름과 손금이 맞대보고 있다.

운명에 없던 마음을 수행한
얼굴이 양손 앞에 조아리고
눈주름이 사람의 풀이말로 판독되어
양손 또한 풀려난다.

얼굴에 마음 한 문장 삐뚤다.
마음을 궁리하는 합장의 틈도 삐뚤다.

삐뚠 게 바로 해석되는 시간이 시작된다.

노구가 삐뚠 것은 마음을 척추 삼은 탓이다.

익숙한 미로

쪼그려 앉은 노인이 골목길에 엉켜 있다.
탯줄에 매달린 사람의 처음 같다.

팔로 다리를 껴안아 준 미로는
시작이거나 끝이거나.

자신만의 길을 개척하며 살았노라 자부하던 사람이
자신을 회고하는 모습은 얼마나 복잡다단한가.

익숙한 미로를 좀체 벗어나지 못함은
다른 길들이 뒤엉켜 있다는 말.

자신을 찾아 자신을 헤맨 일생이
타인들의 노정과 판박이였으므로
자신을 회고하는 제자리를 완주라 말해도 되겠다.

자신을 벗어나지 못하는 자신을

타인이라 말해도 되겠다.

입구를 출구라 말해도 되겠다.

구두 수선공

  뒤뚱걸음 바로잡는 값 팔천 원, 넘어지지 않는 보장은 덤, 구두 수선공은 후렴만으로 전곡을 부른다 걸음 생겨나기 전부터 무슨 발장단을 그토록 맞췄는지 바른쪽 다리가 유난히 닳아빠진 그, 천생 기운 자세로 바로 걷는 자세를 만들어낸다 밑창 덧댐으로 부활시킨 거죽에 검정 구두약을 문지르면 피가 도는 발은 하 밝은 감정을 갖는다 비로소 완성된 모순

  넘어진 적 없던 여자가 넘어졌다 손님이 거푸 다른 여자 품에 쓰러진 사건의 후유증이다 여자가 밑을 활짝 벌리고 창(娼)을 수선했다 늘어진 60대 질 조임근과 팽팽한 20대 말초신경을 맞꿰매 30대 질감을 환생시킨 명의도 발을 다루는 산부인과 의사다 만족滿足은 요동치는 감정이 발에 몰린다는 말, 입이 뱉어낸 하 밝은 감탄사는 발바닥의 입술이었다

  밤 쪽으로 나자빠진 새벽의 밑창에 구두쇠를 박는다

북두칠성이 망치질로 기우는 동안 탁음 간격으로 지는 잔별들, 밤낮의 길이가 다른 것은 장인이 바가지로 바꿔 쥐었기 때문, 막걸리 냄새 짙은 동짓날, 새벽의 휘청걸음에 지구의 자전축이 기울었다 눈발을 덧대고 위도를 조절하면 궤도를 찌그렸다 펴며 회전하는 계절

  바람이 흙먼지를 날라와 응달 위에 쌓는다 새싹들이 음지를 허공의 밑창에 박아댄다 풀잎이 못처럼 휘어지는 것은 허공이 야물기 때문, 허공이 헛발 짚는 의태를 의성으로 내뱉는다 새벽빛에 양모 셔츠를 세탁기에 돌렸다 나이가 원심력 밖으로 배출되었다 아동복 치수로 줄어든 부피만큼 졸아드는 낮, 한쪽 귀퉁이가 석양처럼 달아오른 냄비에 맹물을 부어 사라진 김을 복구한다 밑받침이 되어준 손바닥에 입김을 불어줄 때 입술 근육이 구두끈 같은 주름을 잡아당긴다 호시절, 감정의 신발이었던 미소를 단단히 동여맨 얼굴

이름이 마모되어 기울어진 도장을 사포에 문지른다 얼굴은 이목구비만 갈아내면 밑창이 생겨나는 공식, 먼지 한 더미를 불어 없애는 입술의 원주 속에 덧댐 아닌 파냄으로, 옳게 아닌 거꾸로, 내가 아닌 남이 새기는 글자가 내 얼굴이다 비로소 완성된 피동

황혼의 두 사람이 유리창 쪽으로 고개 돌리고 있다 평평한 면에 닿으면 날인이 되는 얼굴, 제 미소를 상대의 요철에 맞춰본다 남의 미소에 끼워 넣은 이목구비가 참 잘 새긴 전서체다 스물네 칸 석탄 열차가 유리창 한 권을 넘기며 지나간다 뒤표지를 덮어 낮이 멈추었는데도 막도장처럼 찍힌 얼굴 두 장 끄떡없다 인주가 뒷장까지 스미듯 어둠 바깥까지 도드라진 얼굴, 구두끈 단단히 묶어매고 막 뗀 첫 왼발 하나다

실명失明은 나를 낳는다

 실명을 상명喪明이라 하니 죽음으로 가는 몇 걸음 들여놓고 사는 것 아니겠는가. 어둠이 더 퍼지지 않도록 밝음을 방생하며 살아야 해서 새벽에 앞서나가는 선지자 아니겠는가. 달이 어둠 속으로 들어간 것은 까마귀 날갯짓을 기르기 위함. 출처를 모르는 물상은 비문에 매달린 주어. 여명과 일몰 중 어느 것이 오늘의 수식어인지 걱정 말라. 숯의 현玄과 그을음의 흑黑은 태초로써 동색. 실失과 상喪은 잃음으로써 동색. 일월日月은 하루로써 동색. 실명은 일몰에서 여명으로 진화한 것. 어둠은 내가 주격으로 태어나는 유일한 원색. 실명에 어른거리는 주어를 완성하면 태어날 나여, 너를 어떤 동색으로 걸어 내겠느냐?

폐경

수면에 어제의 성미가 남아 있다.

이를 바라보며 호수라 음독音讀할 때

낙엽이 하강 궤적을 수면에 짠다.

물이 잔상을 복원한다.

물밑 태막에 그림자가 착상한다.

만삭이 된 물은 수심을 지우고 묵지처럼 어둡다.

물길을 거슬러온 달이 수심의 촉수를 조절한다.

물이 십이지지地支의 손을 숨긴다.

공중이 모래시계처럼 뒤집어진다.

그믐달이 물속으로 가라앉는다.

바닥이 미열을 경청하며 무음을 배양한다.

수면에 내일의 형틀이 완성된다.

들판을 훈독訓讀하는 소리가 점점 가까워진다.

명궁 名弓

겨울에 잠입한 봄은 궁사이다

길을, 강을, 산맥을, 해안선을 그러쥐고 있다

맨 먼저 얼어 맨 나중 녹아 맨 먼저인 음지에

고여 든 첫눈이 얼음쥐고* 있다

그 아래, 민들레 뿌리가 화살처럼 떨고 있다

매복해 있던 궁사들이 활시위를 놓는다

길이, 강이, 산맥이, 해안선이 찰현처럼 진동한다

촉을 벼린 새싹이 지평선을 떠나고 있다

지상이 온통 음지로 환하다

* 얼음처럼 야무지게 쥔 손아귀 혹은 주먹에 대한 조어.

두물머리

새로운 의성어를 만드는
물소리 앞에서 침묵하네.
두 의태에 대해서만 말한 단순을 후회하네.

다른 인종과 인종의 정착을 문명이라 말해야겠네.

지류를 이면과 배후로 믿는
타인의 기도문이 귓속을 왕래하네.

두 귀 가운데서 평생 머무는 사람은,
나에게서 타인의 몸짓을 엿들은 나는,
두 말을 섞어 하나 되게 말했어야만 했네.

떡잎은 왜 둘로 나뉘어 꽃대 하나를 기르는지,

의태를 의성이게 하는 비법에 대해
다른 사람들과 말해야만 하네.

서정 배달부

록 음악은 마음의 허락 없이 젊은 몸을 고막 삼는다.
헤드뱅잉 박자를 놓쳐 젊음에서 퇴출된 나
건너뜀 없는 트로트 음표처럼 터벅터벅 걸을 수 있을까.

한 걸음이 한 음이 되는 나이
쉰 넘어서니 들린다.

내가 호롱불 밑에서 가나다라 외울 때
"비에 젖어 한숨 짓"다 돌아간 배호
"홀어머니 내 모시고 살아가"던 처녀 농군 최정자
동숙同宿을 "돌이킬 수 없는 죄"라며 후회한 문주란
"타향도 정이 들면 고향"이라는 말은 거짓이라는 김상진
외운 적 없는 노래들이 마치 내 인생인 양
늙은이 발걸음 속도로 내 심박을 조종한다.

김종삼의 묵화를 읽을 때처럼

나와 무관한 것들이 내 것인 양 들려오는; 쉰
삶을 들춰보며 한 줄 판서를 한다.
'몸을 흔들게는 했으나 마음을 울리지 못한 것은 삶
이 아니다.'

배운 적 없는 옛 노래를 종일토록 흥얼거린다.
나와 무관했던 과거가 나를 밟고 미래로 넘어간다.

옛사람이 그려둔 음표를 발성하면
나는 과거에 잇닿아 있는 첫 번째 징검돌이 된다.

적멸

화덕처럼 깊은 산 아래
다비에 든 마을 내려다보네

겨울 까치 오금을 빌려야 이를 수 있는 높이에
홀어미 저녁밥 짓는 연기 성역을 겹쌓고

놀은 성역의 갈비뼈를 찾아내 끝내 불을 지피고
연기가 섣달그믐을 보듬어 사라지고

잘 탄 참숯처럼 주름 가득한 神들이
오늘에 남은 말씀을 수습하여 초승 바랑에 담고

외길 끝에 매달린 쪽창 하나
까치밥인 양 홀로 붉을 때

눈발은 개짐을 포개듯 내일에 쌓이고
어둠은 온기의 문양으로 구겨지고

〉
마당 눈밭 위에 정중동 정중동 번지는
미열이 남은 홀어미 그림자

처녀혈이 퇴색을 완성하고 얼룩으로 남듯
가맣게 神의 문양으로 넘어가고 있는

오크탁자의 소음

 소음을 들여놓자 대화가 시작되었다. 제자리 잡아놓고 보니 소음은 시공간을 넘는다는 게 증명되었다. 80여 년 묵은 오크탁자는 넘쳐나는 나뭇결을 끊임없이 들려주었다. 내 움직임마다 삐거덕삐거덕 한 여인네가 대답해온다. 질문과 대답의 간격이 수명보다 긴 것들은 의태를 소리 낸다. 나는 그녀의 의태와 의성을 어렴풋이 알아듣는다. 그녀가 탁자에 엎드려 연서를 썼음이 확실하다. 자신에게 사랑에 관해 질문했음이 확실하다. 대답을 찾아 자신을 일생 했던 그녀가 대답으로 쓴 마지막 문장이 삐걱거린다. 나는 그녀의 소리를 의태로 해독한다. 스코틀랜드 한 가족의 저녁 식사 모임이 보이고, 기도 중 한 소년을 생각하며 눈을 뜬 소녀와 눈 마주치기도 하고, 이를 눈감아주는 어머니가 보인다. 내가 그들을 닮은 눈꼬리로 눈감으면, 암전으로 미래를 묻는 대서양의 파도가 보이고, 언어가 다른 새 주인의 몸동작에 대답하는 나이테도 보인다. 콧노래가 들릴 때는 해 지난 일기장 몇 권과 제철 표정을 꽂은 앨범이 보인다. 이것은 자신에게 사랑이 무언지 질문했던 소녀가 여인네가 되어 찾아낸 대답이므로, 나는 소녀의 늙은 얼굴과 자세를 수리하지 않는다. 나는 가끔 탁자에 엎어져 잠들 것이다. 내 얼굴이 소녀의 질문처럼 늙는다면, 탁자는 기억해둔 소녀의 마지막 표정을 지을 것이다. 그때 첫 대면하는 소녀와 나는 의태와 의성만으로 사랑에 관해 이야기할 것이다.

홀로에 도착하지 못했다

　홀로면 보게 되는 땅바닥에, 홀로면 보이는 제 걸음 간격으로, 발자국 화석이 찍혀 있다 오늘 그의 사연이 내게로 배달되었다 주소지가 내려다보는 발치라는 것, 외로움이 몸을 옮겨 놓는 배달부란 것 알겠는데, 오직 한 방향으로만 가고 있는 사연만은 풍화된 지 오래다 누가 자기를 버린 겉봉투인가? 행방불명인지, 지금도 제자리에서 헤매고 있는지, 두리번거리는 자를 찾아 두리번거리는 나를 땅거미가 힐끔댄다 그는 아직도 수취인을 찾지 못해 배달 중이고, 발자국 깊이에 담긴 어둠 한 홉을 읽지 못해 밝은 나는 아직 홀로에 도착하지 못했다

나를 이장하다

발은 공동묘지이다. 봉분 같은 물집 돋으니 걸음이 멈추었다. 걷고자 하는 자가 걷지 못하면 주검과 같고, 산자의 걸음 멈추는 곳 또한 묘지이니, 발에는 인과응보가 있다. 전생과 후생이 이생에서 만났으니, 내 몸이 하나라 하여 어찌 발을 지켜보는 제삼자가 없겠는가. 온 관절을 접은 몸이라야 발의 물집을 터트릴 수 있다. 손이 발에 이르는 길엔 죽음이 있나 보다. 몸보다 작은 옹관묘에 들어갈 수 있는 자세가 태아의 자세뿐이라던가. 진물 한 방울 새나는데 몸이 자유로워진다. 발이 몸을 놓아주고 있다. 발은 어떻게 제보다 큰 몸을 매장하고 있었을까. 발을 지켜보는 시선과 탯줄의 길이가 같다는 것 들추어서 무엇하랴. 제 손으로 제 발 쓰다듬는 행위는 마침내 도착이다. 손의 체온을 따라가다 보니 발이 손을 벗어나 있다. 낯선 곳에 멈춰 선 내 발에 낯선 몸이 담겨 있다. 이번 걸음은 이생에 도착했다.

해설

마음에서 발까지 그 무표정한 궤적

장이지(시인)

1

　차주일이라는 사람은 시에 있어서만큼은 매우 진지하다. 요즘 젊은이들의 말투로 하자면 '궁서체'다. 이때 그것은 '옛날 사람'을 대표하는 말이다. 어딘지 꼿꼿하고 타협이 없으며 모든 것을 진지하게 받아들이는 것이 우리 시대와 어울리지 않을 때 '궁서체'라고 한다. 차주일은 「궁서체」라는 시를 쓰기도 했다.

　　　목련꽃 봉오리가 화선지에 먹물 스미듯 부풀고 있다.
　　붓이 한 획을 내려긋기 전
　　점 하나 힘주어 누르는 저 잠깐을 겨울이라 부르겠다.

우듬지마다 찍어놓은 꽃봉오리를
　　한 무리의 말발굽 소리가 내처 달려오는 중이라 말하겠다.
　　오직 북쪽만 향하던 외골수가 잎보다 먼저 피운 꽃
　　그 낙화를 겨울이 내려놓는 잔상이라고 말하겠다.

　종이 위에 한 획을 내려긋기 전의 저 '정적(靜寂)'에 차주일 시의 거의 모든 것이 들어 있다. 그리고 "오직 북쪽만 향하던"의 '오직'은 그의 방향성이며 "외골수"는 다른 누가 아니라 차주일 자신의 시에 대한 태도를 설명하는 말이다. 그리고 인용한 부분에서 세 번 연달아 등장하는 선어말어미 '-겠-'은 물론 그의 시에 대한 의지나 집념을 드러낸다. 그는 늙으신 어머니의 '습자' 장면을 정밀하게 그려낸다. 그의 작업은 어머니를 '예술의 영원성' 속에 간직하고자 하는 것에 다름 아니다. 그 '경건한 자세'야말로 그의 순정을 말해준다.
　이 시에 나타난 새로운 비유에 대한 집요함은 다른 층위에서의 논의가 필요할지도 모른다. '-겠-'의 개입을 불사한 이 집요함은 '새로운 풍경'에 대한 그의 고집에서 비롯된 것이다. 그에게 '풍경'은 언제나 은폐되어 있는 것으로 그의 앞에 출현한다. 그는 "바닥이 은폐한 그 밑의 밑"(「골목」)을 보고자 한다. 그가 보는 것은 보통사람들이 보는 것과는 다른 것이다. "무화과 진 자리에 발을 넣는 바람을 본다."(「도착하는 소실점」)라든지 "모음만으로 울며 날아가는 궤적을 읽어보아라."(「어떤 새는 모음으로만 운다」)에서처럼 그는 '보다'나 '읽다' 동사를 자주 쓴다. 그리고 그것은 "이곳을 지나가려면 금단의 악보를 읽어내야만 한다."(「풍경의 음자리표」)에서처럼 강박적인 양상으로 심화되기도 한다. 그에게 시는 풍경을 전혀 새로운 언어로 해독하거나 번역하는 것이다. 그래서 그의 시에서는 단순한 묘사를 찾기 어렵다. 「수채화」라는 시의 일부분을 보면 다음과 같다.

가장 어린 아이가 가장 멀리 있는 바윗돌에 배를 붙이자
강변이 풍경을 재배열한다.
풍경이 들어찬 도화지가 수면처럼 우그러지듯
아이들이 밝히는 소란의 촉수대로 그늘이 옮겨 간다.

사람의 말로 수식할 수 없는 풍경은
무심코 내버려 두어도 영원 이후의 풍경

바윗돌과 아이의 체온이 같아지는 동안
태초의 무심코가 지상의 영원임이 드러난다.

  그는 '시가 시작된 순간' 그 원체험의 순간을 묘사하고자 한다. 이 시에는 분명히 어떤 날의 단일한 체험이 밑그림으로 존재한다. 그러나 그것은 제대로 묘사될 수 없다. "도화지가 수면처럼 우그러지듯 / 아이들이 밝히는 소란의 촉수대로 그늘이 옮겨간다."는 구절은 시인 자신에게 어찌 된 일인지 탐탁지 않다. 그것은 불투명하다. 그것은 "사람의 말로 수식할 수 없는 풍경"이라고 시인은 다음 이어지는 연에서 변명하듯이 말한다. 아주 많은 시간이 흐른 뒤에 이 잘 묘사될 수 없는 '무심코'의 풍경은 '원풍경'으로서 발견된다. 그는 불가능한 것으로써의 풍경 묘사에 매달린다.

  "사람은 감정에 박힌 중심축 "아!"를 / 입술로 옮길 수 있을까."(「아!」)라고 하는 물음은 따라서 인간의 감정을 언어로 번역하는 '시'라는 예술이 애초에 가능한지 묻는 것이다. 차주일은 그 불가능성에 대해 알면서도, 오히려 그것이 불가능하기 때문에 '시' 쓰기를 시도한다. 그는 '필법'(「자음의 필법」, 「永자가 점으로 시작하는 이

유」)을 연마하고, '입술'을 갖고자 한다. 물론 그것은 '침묵'이라는 완벽한 형식에 이르기 위한 준비이기도 하다.

2

차주일의 관심사가 "감정에 박힌 중심축", 즉 감정 그 자체가 아니라 그것을 "입술로 옮길 수 있을까"의 문제라는 것은 중요하다. 그는 이번 시집에서 '감정'이라는 말을 빈발하고 있는데, 그럼에도 감상주의로 흐르고 있는 것은 좀처럼 눈에 띄지 않는다. 그는 감동적인 장면을 연출하기보다 어떻게 '시'에 이를 수 있는지에만 집중한다.

그의 시들은 '몸'과 '마음'을 이분법적으로 가르고, '마음'을 '몸'보다 우위에 놓는 사고방식에 의해 떠받쳐지고 있다. "'몸을 흔들게는 했으나 마음을 울리지 못한 것은 삶이 아니다.'라고까지 그는 거리낌 없이 진술하고 있다. 데카르트의 계보라고나 할까.「回의 완성」,「추사체」,「성화」 등에서도 '몸'과 '마음'이라는 시어는 무방비로 드러나 있다. 그중 「回의 완성」은 그의 독창성을 잘 보여준다.

뒷물하는 여자가 얼마나 씨앗의 자세를 닮았으면
　　여자의 감은 눈에서 마음이 움텄을까.
　　얼마나 몸 밖을 떠돌면 마음을 자신으로 인정하
는 걸까.
　　여자 그림자가 망부석의 사방을 에돌고 있다.
　　제 나선 문을 찾지 못한 마음이 몸을 들여다본다.

　그는 이 요염한 장면을 '회(回)'자로 읽는다. '回'자로 발견해낸다고 해야 하는 것인지도 모르겠다. 그는 한자를 깨뜨려 의미를 찾아낸다. 언제나 중요한 것은 표층이 아니라 심층에 있다고 그는 믿는다. 감춰진 '풍경'을 해부하듯 그는 한자를 획과 획으로 분해한다.
　이 시에서 '몸'은 '마음'을 감당할 수 없다. '마음'이 '몸'보다 크다. '마음'이야말로 "자신"임에도 '몸'은 그것을 인정하지 않는다. '몸'이 인정하지 않는 것을 '시선(視線)'이 먼저 인정한다. 그는 여자가 뒷물을 하고 있는 모습에서 '마음'을 읽어내는 '시선'을 지녔다. 이 특권화된 '시선'에 의해 '속(俗)'은 '성(聖)' 쪽으로 수직 상승한다. 이 시는 다음과 같이 끝난다.

　　눈동자 모양의 발자국 흔적을 독경한다.

> 석불이 사람의 발자국 밖으로 나서지 못해
> 回자의 진화는 완료되었다.

 이 시가 뒷물하는 여자의 사연으로 귀결하는 것이 아니라 '回'자의 "완료"로 끝나고 있는 것은 차주일의 개성을 보여준다. 핵심은 '풍경'에 있는 것이 아니라 그것을 보는, 혹은 읽는 사람의 시선에 있다. '마음'은 "흔적"을 남기고 '시선'은 그것을 포착한다. "눈동자"라는 시어는 보조관념으로 동원된 것이기는 하지만, 이 기제를 은밀히 드러낸다. '시선'은 종교적인 것으로 특권화된다. "독경"이라는 시어에 의해 "흔적"은 일종의 '경전'으로 승격한다.
 그는 자주 종교적인 것을 끌어온다. 「풍경의 음자리표」의 '돌탑', 「수평의 심장」의 '와불' 등은 물론이고, "침묵은 성인의 말씀"이라고 한 「성화」나 "겨울 까치 오금을 빌려야 이를 수 있는 높이"에 대해 노래한 「적멸」도 종교성을 띠고 있다. 그러나 그것들은 신앙의 차원과는 다른 것으로 여겨지는 면이 있다. 그것들은 한결같이 어떤 '경지'를 보여주는 것들이다. 그는 '마음'을 종교적인 경지에 올려놓음으로써만 시를 쓸 수 있다. "미기록종 나방"(「어떤 새는 모음으로만 운다」)의 궤적을 탐색한다든지 "나만의 노래", "명반"(「또다시 허밍」)을 추구한다든지 "남다른 느낌"(「정물화」)을 갈구하는 것도 그와 같은 맥락이다. 그가 "유구한 시간"(「손과 입의 거리」)이나 "최초"나 "태초"와 같은 시어들을 통해 '기원'에 대한 관심을 드러내는 것도 종교적인 '경지'에 맞먹는 시간의 장대한 '폭'이 필요하기 때문인지도 모른다.

3

'감정'이나 '마음'에 대해 이야기하면서도 차주일은 동시에 '무표정'이 되어 간다. "무표정이 진심이라는 풍문"(「그리움, 그 뻔한 것에 대해」)이라거나 "입이 가장 먼 발을 다 부르면 / 입술은 얼굴 밖으로 버려지고 / 무표정은 완성될 것이다."(「필통」)라고 그는 말한다. "얼굴을 무표정에게 양보한다."(「검붉다」)고 하는 것도 있다. '무표정'은 감정이 없는 상태처럼 보이기 때문에 '감정'이나 '마음'에 대해 말하면서도 '무표정'하다고 하는 것은 일견 모순처럼 보이는 면도 있다. 그러나 '무표정'은 모든 '감정'이 투과된 상태, 극한의 '감정'이 지나간 상태로서 역설적으로 모든 '감정'을 포용하는 상태이기도 하다. 그것은 저 불상(佛像)의 '무표정'과 이어져 있는 것이나 아닌지?

그의 '무표정'은 그의 시의 내면성에 대해 다시 생각하게 한다. 문득 가라타니 고진(柄谷行人)의 '내면의 발견'이 떠오른다. 가라타니 고진은 '연극의 개량'을 '내면의 발견'과 함께 이야기하고 있다. 일본 전통극의 일종인 가부키는 '짙은 화장'과 '과장된 몸짓'을 특징으로 하거니와, 이치카와 단주로(市川団十郎)가 화장을 지운 채 평범한 톤으로 연기를 했을 때 비로소 '민얼굴=내면'이 발견되었다고 하는 것이다. 이때 '짙은 화장'이나 '과장된 몸짓'은 '의미의 가시성(可視性)' 혹은 '과시성(過視性)'—지나치게 많이 보임—을 띠고 있다. 이 의미의 '가시성'이나 '과시성'을 제거했을 때, 비로소 '읽어야 할 것으로서의 민얼굴=내면'이 발견될 수 있었다고 가라타니 고진은 말하고 있는 것이다. 그것을 '한자 배격'을 주요 내용으로 하는 일본의 언문일치 운동과 병행하는 것으로 『일본 근대문학의 기원』의 저자는 설명한 바 있다.

차주일 시의 '무표정'은 우리가 읽어야 할 것으로써의 '내면'에 대한 주의를 환기시킨다. 그 '무표정'은 텅 비어 있으면서도 모든 것을 말하고 있는 것이 아니면 안 된다. 그는 "속을 보이려고 겉을 덮는다는 서설"(「망설이다」)을 이미 밝힌 바 있고, "뒷모습은 앞모습으로만 기록할 수 있어"(「접속사」)라고도 노래한 바 있다. 다음은 「독백」이라는 시이다.

> 나에게 말을 걸었다. 청년은 내 말을 엉뚱하게 알아듣고 엉뚱한 대답을 했다. 나에게 도착하지 않은 혼잣말들이 입속에 엉겨 있었다. 내벽에 기포들이 달라붙어 있는 유리병처럼 무표정이었다.
> 청년이 제 얼굴을 연주해주었다. 누설되는 검정은 한숨 길이로 끊겼다. 나는 나도 모르게 청년의 표정을 듣고 있었다. 투명 잉크병에서 검은색이 넘치는 느낌이었다.
> 가장 슬픈 표정에 도착한 청년에게 물었다. 얼굴에서 목소리를 제거하면 표정이 되는 건가요? 목소리 없이 당신의 표정을 들려줄 수 있나요? 사람의 말로 생겨나는 눈물은 가짜 같아서요.
> 청년이 얼굴 안으로 표정을 들이밀었다. 목소리가 생겨났고 나에게 혼잣말을 들려줄 수 있었다. 혼잣말에서 복수의 목소리가 들려왔다. 내 목소리 속에서 내 목소리가 자라고 있었다.

차주일은 "사람의 말로 생겨나는 눈물은 가짜" 같다고

분명히 말하고 있다. 그는 인간의 언어를 초월하고자 하며 그 방편으로 '얼굴의 연주'라고 할 만한 것을 시도하고 있다. 그것이 '시'라는 것을 독자들은 이미 알고 있다. '나'는 목소리를 제거하고 나서야 '표정'이 되는지 '청년'에게 묻는다. '나'도 '청년'도 모두 '나'일 뿐이기에 이것은 "혼잣말"이라고도 할 수 있다. 그는 '내 안의 여러 목소리'를 의식하고 있다. 그것의 분출이야말로 '시'이겠지만, 그것은 시인에게 있어서 '진짜'가 될 수 없다. 「나는 나를 그릴 수 있을까」나 「양철 팔레트」에서도 "다른 인칭"의 문제를 내걸고 있거니와, '목소리'는 '목소리'인 이상 전체가 아닌 부분의 '목소리'일 수밖에 없다. '목소리'는 온전히 '나'라고는 할 수 없는 것이다. '목소리'는 '표정'이 되어야 하며, 그 '표정'마저 없는 상태에 있을 때, 침묵할 때, 오히려 '시'는 완성된다. 아무 말도 하지 않을 때, 무아의 상태로 있을 때, "유리병처럼 무표정"일 때, "혼잣말들이 입속에 엉겨" 있을 때가 가장 '나'일 때이다. 그리고 그때의 그 텅 비어 있는 듯한 얼굴이야말로 '읽어야 할 것으로서의 내면'을 발생시킨다.

차주일이 기도하는 "사람의 말"을 넘어서는, '가짜 눈물'의 세계를 넘어서는 시는 불가능하다. 그 시의 완성이 한없이 지연되는 과정을 그는 그의 '시업'으로 삼고 있는 셈이다. 그럼에도 그의 '무표정'은 사뭇 인상 깊다. 그것은 정말 '불상'의 무표정처럼 보이며, 그것은 그의 '페르소나'가 되고 있다.

4

차주일은 내가 모른다고 할 수 없는 사람이다. 그는 늦은 나이에 등단했는데, 그 축하 모임에는 나도 참석해 있었다. 시와는 참 어울리지 않게 투박해 보인다는 것이 그에 대한 내 첫인상이었는데, 오랜 세월이 흐르면서 그의 인상도 이제는 시에 제법 어울리는 것으로 변했다. 그러니까 나는 그를 잘 안다고 할 수 없는 사람인지도 모른다.

아무튼 우리가 만난 적이 있는 차주일은 내가 말하는 그가 아니다. 그는 "마음을 척추 삼은"(「여생」) 시의 장인(匠人), 시의 '마스터(master)'가 된 사내이다. 콧수염을 기르고 '마음'을 종교로 삼고 '말'을 죽이고 '무표정'을 발견해낸 사내인 것이다. 그러면서 시의 '위의(威儀)'와 독창성에 대해 그는 말한다. 더 완성도 있는 시를 향해 뚜벅뚜벅 걸어가는 그의 우보(牛步)와 같은 것이 없었다면, 우리 시의 풍경은 지금보다는 훨씬 초라한 것이

되었을지도 모른다.

그러나 나는 그의 '교(巧)'가 어쩐지 싫고, '궁서체'의 저 의지에 대해서는 경외를 느끼면서도 부처와 같은 '무표정'이 되는 것에는 그만 짜증이 나는 것이다. 그냥 울어도 좋을 것인데, 그는 너무 울어서 더 이상 울 수 없게 된 것 같은 얼굴을 하고 있다. 사실을 말하자면 그의 '무표정'은 그런 것이 아닐까. 그의 '마음'도 또한 '몸'을 넘어서는 것이라기보다 이를테면 '감은 눈'이나 '발' 같은 데서 고개를 내미는 그런 것이나 아닐는지?

> 발은 어떻게 제보다 큰 몸을 매장하고 있었을까. 발을 지켜보는 시선과 탯줄의 길이가 같다는 것 들추어서 무엇하랴. 제 손으로 제 발 쓰다듬는 행위는 마침내 도착이다. 손의 체온을 따라가다 보니 발이 손을 벗어나 있다. 낯선 곳에 멈춰 선 내 발에 낯선 몸이 담겨 있다. 이번 걸음은 이생에 도착했다.

「나를 이장하다」의 끝은 이렇게 맺어져 있거니와, 이 '발'은 '마음의 종교화'라는 이번 시집의 세계관에서는 상당히 멀리 가버린 감도 있다. 그의 '발'은 어디에 이르렀는가. 그것은 '어머니' 앞으로 그를 데려다 놓았는지도 모른다. 그러느라고 '발'은 또 부르트지 않을 수 없었을 것이지만, '발'은 또 그 곁에 머물지 못하고 "낯선 곳"에 이르러 몸을 대지 위에 부려놓았을 것이다. 이성에 의해 여기까지 이르렀다면 굳이 "낯선"이라고 두 번 반복하지는 않았을 것이다. 데카르트에 대한 배반이라고나 할까. 그는 인간에게는 영원히 '낯선' 어머니의 '자궁' 앞에 와 멈춰 서 있다. 이번에는 상상 속의 모성이다. 그리고 그는 그를 '이장(移葬)'한다. 부활하기 위해 그는 자신의 이생을 이곳에 옮긴다. 생 전체의 시(詩)로의 번역인 셈이다. 심술궂지만―왜냐하면 '발'의 이야기는 이번 시집의 일관성을 허물고 있으므로―, 이번 시집에는 '발'의 이야기도 있었다는 점을 지적해두며 이 글을 닫고 싶다. 그것은 그의 다음 행보가 어쩌면 다른 그 무엇이 아니라 바로 이 '발'이 딛고 서 있는 지점에서 시작할 것이기 때문이기도 하다.

포지션 詞林 006
어떤 새는 모음으로만 운다

펴낸날 | 2017년 12월 15일

지은이 | 차주일
펴낸이 | 차재일
책임편집 | 이용헌
펴낸곳 | 포지션
등록번호 | 제2016-000118호
등록일자 | 2016년 4월 12일
주소 | 서울시 마포구 대흥로8길 26, 201호
전화 | 010-8945-2222
전자우편 | position2013@gmail.com

ⓒ 차주일, 2017

ISBN 979-11-961370-4-5   03810

값 10,000원

* 이 책의 전부 또는 일부 내용을 재사용하려면 반드시 지은이와 포지션의 서면 동의를 받아야 합니다.
* 이 책은 한국출판문화산업진흥원 2017년 우수출판콘텐츠 제작지원사업 선정작입니다.